Liebe Lore!

Eine „Gute" Woche

für Dich!

Alles Liebe

Deine Freundin

Helga

Engelsbotschaften der *Gesundheit*

Fotografien von

Annegret Schackmann

arsEdition

Eine tief sitzende Sehnsucht nach Schutz, Geborgenheit und Liebe erlaubt uns zu jeder Zeit an Engel und Schutzengel zu glauben, in einem Meer von Gedanken und Empfindungen aufzugehen und darauf zu hoffen, dass sie sich stets um uns kümmern, uns nicht im Stich lassen.

Engel haben keine Berührungsängste. Sehen kann sie, wer sich dazu bereit erklärt, im Inneren an sie zu glauben, und hören kann sie nur, wer aufnahmebereit ist für ihre leisen Botschaften. Dieses Büchlein soll dazu anregen, an die unsichtbaren Wegbegleiter zu glauben und das Leben vertrauensvoll in ihre schützenden Hände zu legen.

Wenn alle Türen geschlossen und

die Fenster verdunkelt sind,

darfst du nicht glauben, allein zu sein.

Denn Gott ist bei dir und dein Schutzengel.

Und weshalb sollten sie Licht brauchen,

um zu sehen, was du tust?

EPIKTET

Die Kraft wird kommen, wenn du sie brauchst.
und oft wird Hilfe kommen,
wenn deine Kraft nicht mehr ausreicht.

Der Glaube an unsere Kraft

kann sie ins Unendliche verstärken.

FRIEDRICH SCHLEGEL

Sorge nicht um das, was kommen wird,
weine nicht um das, was vergeht:
Aber sorge, dich selbst zu verlieren,
und weine, wenn du dahintreibst
im Strome der Zeit, ohne den Himmel
in dir zu tragen.

FRIEDRICH SCHLEIERMACHER

Versuche voller Zuversicht und Mut
in die Zukunft zu blicken!

Glaube

Gesundheit

Kraft

Engel spenden Trost in der Not
und geben Kranken neuen
Lebensmut.
Nicht selten schlüpfen sie in einen
unserer Mitmenschen.
Hör auf dein Herz
und du wirst sie erkennen.

MARJA MARKOW

Man sollte offen sein und die Bereitschaft haben,
in Mitmenschen Engel zu vermuten.

Am Himmel geschehen

Zeichen und Wunder.

FRIEDRICH SCHILLER

Ich sagte zu dem Engel,

der an der Pforte des neuen Jahres stand:

Gib mir ein Licht, damit ich sicheren Fußes

der Ungewissheit entgegengehen kann!

Aber er antwortete: Gehe nur hin in die Dunkel-

heit und lege deine Hand in die Hand Gottes!

Das ist besser als ein Licht

und sicherer als ein bekannter Weg.

WEISHEIT AUS CHINA

Das Vertrauen in Gott und seine Helfer
hat manch einen Schmerz und Leid überwinden lassen.

Trost

Beistand

Lebensmut

Möge der Himmel dich bewahren
vor Gefahren, Schmerz und Pein.
Möge stets ein guter Engel deines
Lebens Hüter sein.

Segenswunsch aus Deutschland

Die Macht der Wünsche und der Träume
lässt die Kraft und den Mut wieder kommen.

Mit seinem Fittich bedeckt er dich,

und unter seinen Flügeln

findest du Zuflucht.

PSALM 91,4

Wer Vertrauen hat,

erlebt jeden Tag Wunder.

EPIKUR

Vertraue Gott, deinem Engel, aber auch dir selbst!

Licht

Vertrauen

Geborgenheit

Darum haben sie auch einen feinen Namen, dass sie heißen Angeli, Boten oder Botschaft, dass sie von Gott gesandt sind. Die Schrift nennt sie nicht nach ihrem natürlichen Wesen, sondern nach ihrem Amt. Darum bin ich dem Namen Engel sehr hold ... Sie regieren, schützen und behüten uns vor allem Übel, das tun sie fleißig und mit Freuden.

Martin Luther

Glaube fest an die Verlässlichkeit
und die Wegweisung deines Engels!

Einer, der uns sehr nüchtern
nach unserem Woher und Wohin fragt
und uns sehr gegen unseren Willen
dahin zurückschickt,
wo wir eben davonlaufen wollen,
kann ein Bote Gottes,
ein Engel sein.

Søren Kierkegaard

Wir können die Engel nicht sehen.

Aber es ist genug, dass sie uns sehen.

Charles Haddon Spurgeon

Ich wünsche dir jetzt und für alle Zeiten
einen unsichtbaren Wegbegleiter!

Weg der Besserung

Achtsamkeit

Geduld

Herr, schenke uns die gute Nacht,
und alles, was uns Sorge macht,
das legen wir nun ab vor dir.
Dein Angesicht uns leuchten mag,
so führ uns in den neuen Tag.
Dein Engel wache über mir.

Gebet aus Deutschland

Dein Engel soll Tag und Nacht über dir wachen,
und dir das Gefühl von Geborgenheit schenken!

Der Schmerz ist ein heiliger Engel
und durch ihn sind Menschen größer
geworden als durch alle Freuden der Welt.

Adalbert Stifter

Gleich von Geburt an begleitet

einen jeden ein Schutzgeist,

der unbemerkt sein Leben leitet.

MENANDER

Gehe achtsam durchs Leben, damit du die leisen Botschaften der Engel wahrnehmen kannst!

Liebe

Ausdauer

Verständnis

Ein Engel ist nichts anderes

als die Idee Gottes.

Meister Eckhart

In stillen Momenten wirst du die Nähe
deines Schutzengels spüren!

Was der Menschheit unmöglich ist,

vermag die Macht und die Kraft der

Engel vollbringen.

JOSEPH GLANVILL

ISBN 3-7607-2348-9
Printed by Tien Wah Press

www.arsedition.de